ALBERT

OU

LE RÊVE ET LE RÉVEIL,

MELODRAME EN TROIS ACTES,

Par MM. BENJAMIN et MELCHIOR B.

REPRÉSENTÉ, POUR LA PREMIÈRE FOIS, A PARIS, SUR LE
THÉATRE DE L'AMBIGU-COMIQUE, LE 25 JANVIER 1825.

PRIX : 1 FR. 25 CENT.

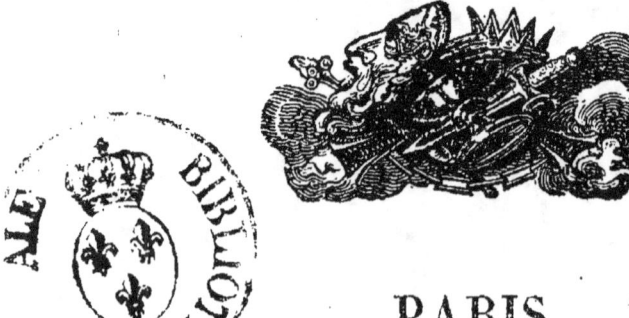

PARIS,

CHEZ BEZOU, LIBRAIRE,

SUCCESSEUR DE M. FAGES,

Au Magasin de Pièces de Théâtre, boulevard St.-Martin,
No. 29, vis-à-vis la rue Lancry.

1825.

PERSONNAGES. ACTEURS.

ALBERT, fils de M. Grandville. . . M. *Frédérick.*

GRANDVILLE, négociant. . . . M. *Melchior.*

DARBY, associé de Grandville . . . M. *Caron.*

WILLIAMS DICK, Anglais em-
ployé dans la maison de Darby . . M. *Gilbert.*

CAROLINE, pupille de Grandville. Mlle. *Halligner.*

GERTRUDE, gouvernante de Caro-
line . . . . Mlle. *Palmyre.*

JACQUES, ancien marin, gardien
du phare de Sainte-Marie. . . . . M. *Frénoy.*

Un maître pêcheur. . . . . M. *Jolly.*

Pêcheurs.

Femmes de pêcheurs.

Marins.

Habitans de toute classe.

La scène se passe sur la côte de Normandie, vers 1650.

IMPRIMERIE DE HOCQUET,
rue du Faubourg Montmartre, n. 4.

ALBERT

OU

LE RÊVE ET LE RÉVEIL,

MÉLODRAME.

ACTE PREMIER.

Le théâtre représente une plage agreste au milieu des dunes.

Au fond, on découvre la mer ; des barques sont mouillées près du rivage.

Sur la dune, à droite, s'élève le phare de Sainte-Marie confié à Jacques ; au bas, sur le premier plan, est son habitation.

A gauche, on aperçoit au sommet de la côte un reste de portique qui indique l'approche de la chapelle où les habitans se sont rendus en pélerinage.

Du même côté, au pied d'un rocher, est un banc de gazon ombragé par des arbustes.

SCENE PREMIÉRE.

JACQUES, un Maître Pêchenr, Pêcheurs.

(Au lever du rideau, les pêcheurs sont occupés à débarquer des paniers de poisson qu'ils rangent sur le rivage.)

JACQUES *dépose au pied du banc des touffes de gazon qu'il vient d'arracher.*

Eh bien ! enfans, voilà de la marée, ¡ j'espère ?

LE MAÎTRE PÊCHEUR.

Dieu merci, ça n' manque pas ; la patrone de Sainte-Marie nous a porté bonheur.

JACQUES.

Aussi nous la fêterons joyeusement : la journée a bien commencé, faut qu'elle finisse de même.

LE MAÎTRE PÊCHEUR.

D' même? elle finira mieux. Pour aujourd'hui la drague au repos. Nous v'là à terre, vive la joie ! (*Il prend sa gourde et boit.*)

PÊCHEURS, *l'imitant.*

C'est bien dit.

JACQUES.

C'est ça ; au mouillage.

LE MAÎTRE PÊCHEUR.

Allons, patron Jacques, à l'ordre ici.

JACQUES.

Ah ! c'est fait ; le bâtiment est lesté.

LE MAÎTRE PÊCHEUR.

Bah ! et la cale donc ?

JACQUES.

Non, non, pas de ça. (*à lui-même.*) Les gaillards me couleraient bas... Allons, allons, vite à l'ouvrage. (*Il travaille au banc et achève de le couvrir de gazon.*) Mademoiselle Caroline va venir.. j'ai du plaisir à faire quelque chose pour elle... la pauvre enfant aura prié de tout son cœur, Dieu sait pour qui !.. et moi aussi je lesais bien... mais plus d'espérance... (*Des femmes et des enfans sortent en foule du portique.*) Ah! ah! le service est fini. (*aux pêcheurs.*) Hé! vous autres, videz la cambuse vivement, là... l'ennemi s'avance toutes voiles dehors.

PÊCHEURS, *riant.*

L'ennemi?

JACQUES.

Eh! sûrement... vos femmes sortent de la chapelle ; gare l'abordage !

LE MAÎTRE PÊCHEUR.

Oh, oh! eh vite, le canon de retraite. (*Ils vident et bouchent leurs gourdes.*)

JACQUES.

Bon là .. fermez les écoutilles.

SCÈNE II.

LES Précédens ; CAROLINE, GERTRUDE, *descendant la côte à la suite des femmes.*

(*Caroline s'arrête sur un tertre, contemple tristement la mer, et reprend lentement sa marche en cueillant des fleurs sauvages.*

Les pêcheurs se remettent au travail ; les uns tirent leurs barques au rivage, les autres étendent leurs filets pour les sécher.)

JACQUES, *aux femmes.*

Eh bien! vous voilà revenues du pélerinage, et vos maris débarquent... Voilà qui est bien. Chacun à son poste ; les femmes prient, les hommes pêchent, et vogue la galère, la providence est là... Allons, de la gaîté, une ronde par là-dessus.

(Divertissement.)

LE MAÎTRE PÊCHEUR.

Ah çà! c'est à merveille, mais finissons. Allons, femmes, un peu d'aide ici.

JACQUES.

Oui, enlevez tout ça, et puis, adieu, filets, la pêche est faite, le reste du jour au plaisir. Dans une heure à la vallée de l'ermitage.

PÊCHEURS.

A la vallée!

(Jacques paraît observer le temps, les pêcheurs et leurs femmes chargent leurs paniers et se disposent à partir.

JACQUES.

Diable! ça se brouille là-bas... Holà, un instant... la mer devient houleuse... le vent se brise et tourne d'aval.

LE MAÎTRE PÊCHEUR.

C'est vrai; le vol des mouettes n'annonce rien de bon.

JACQUES.

Nous pourrions bien avoir de la besogne.

LE MAÎTRE PÊCHEUR.

Allons, des hommes à la côte.

JACQUES, *aux matelots, qui se détachent.*

Ah çà, garçons, attention à la mer, et bon quart!

LES PÊCHEURS, *sortant avec leurs femmes.*

Bon quart!

SCÈNE III.

JACQUES, CAROLINE, GERTRUDE, Marins,

GERTRUDE.

Où allez-vous donc, mademoiselle?

JACQUES.

La voilà. (*Il revient en scène.*)

CAROLINE, *sèchement à Gertrude,*

Laissez-moi. (*Elle se dirige vers le banc.*)

GERTRUDE, *avec aigreur.*

Laissez-moi! on ne peut plus en obtenir que des paroles désagréables.

JACQUES *suit les mouvemens de Caroline.*

Vous voyez, mademoiselle, que j'ai pensé à vous.

CAROLINE, *affectueusement et le saluant de la main.*

Merci, patron Jacques. (*Elle pose ses fleurs sur le banc, remonte lentement la colline pour en cueillir de nouvelles, s'arrête par momens en portant ses regards vers la mer, et revient bientôt former une couronne avec les fleurs qu'elle a rassemblées pendant le dialogue de Jacques avec Gertrude*)

GERTRUDE.

Si M. Grandville avait plus de fermeté, cela irait autrement.

JACQUES.

Ah! voilà madame tempête qui gronde comme de coutume (*Il s'approche.*)

GERTRUDE.

Mais, patience!... aujourd'hui...

JACQUES. *brusquement*

Eh bien! aujourd'hui?... C'est fête, dame Gertrude; il faut se réjouir.

GERTRUDE, *d'un ton revêche.*

On n'y manquera pas, soyez tranquille.

JACQUES.

En effet, vous paraissez toute gaillarde!... Si votre prétendu Williams vous voyait de si belle humeur, que de goddem d'admiration!

GERTRUDE, *avec dépit.*

Williams me trouve bien comme je suis, entendez-vous? et s'il ne sait pas débiter de belles phrases, au moins ne fait-il pas de sottes plaisanteries.

JACQUES.

Ah! la plaisanterie n'est pas son fort; mais moi, je ne suis pas Anglais, dieu merci. J'aime la gaîté, et je ris de tout.

GERTRUDE, *à part.*

C'est ce que nous verrons.

JACQUES.

A propos de gaîté, on dit que monsieur Darby fait les choses grandement, et que nous aurons divertissemens et jeux de toutes sortes.

GERTRUDE.

De plus, un bouquet de fête auquel on ne s'attend pas.

JACQUES.

Une surprise?... diable! il se met en frais.

GERTRUDE.

Il a des raisons pour cela.

JACQUES.

Et surtout de l'argent, à ce qu'il paraît. Depuis son retour d'Angleterre, c'est une dépense!... Il est donc devenu bien riche?

GERTRUDE, *avec une assurance ironique.*

Oui, maître Jacques, très-riche. Et la succession qu'il vient de recueillir à Londres (*avec une affectation marquée*) lui permet de ne rien épargner pour célébrer aujourd'hui (*elle appuie sur ces derniers mots*) avec éclat ses fiançailles.

JACQUES, *avec grande surprise.*

Ses fiançailles!... avec qui?

GERTRUDE.

Avec Mlle Caroline Darnley, ici présente.

JACQUES.

Quoi?

GERTRUDE.

Vous voilà, j'espère, bien instruit.

JACQUES.

Je n'en reviens pas... Et tout le monde est d'accord?

GERTRUDE.

C'est une affaire conclue.

JACQUES *montre Caroline assise sur le banc dans l'attitude d'une profonde douleur.*

On ne s'en douterait guère, par exemple; et à en juger par la fiancée, le futur serait loin d'être à la noce.

GERTRUDE.

La fiancée ne sera pas assez maladroite pour laisser échapper une brillante fortune en refusant un riche mari qui l'adore et qui fera son bonheur.

JACQUES.

Lui, qu'il l'adore, je le crois bien; mais faire son bonheur, c'est autre chose!... Tenez, regardez-la; elle pense tristement à un autre qui seul aurait pu la rendre heureuse. Celui-là était le choix son cœur.

GERTUDE, *vivement.*

Nous y voilà! entretenez bien en elle ces sentimens romanesques! reconnaissez ainsi vos obligations envers son tuteur.

JACQUES, *frappant du pied.*

Corbleu!

GERTRUDE, *avec volubilité.*

Cet autre, dont vous osez parler encore; qu'a-t il fait pour mériter qu'elle le regrette? le malheureux!...

JACQUES.

Halte-là, dame Gertrude, nous ne pensons pas de même là-dessus... virons de bord... Quant à ce mariage, qu'il se fasse ou non, je n'y peux rien ; pour ce que je dois à M. Grandville, ça me regarde... Mon sang, ma vie ! Jacques est à son service, corps et biens, il le sait ; avis à votre M. Darby.

GERTRUDE.

Il tâchera de vous imiter.

JACQUES.

Il ne ferait que son devoir... Si j'ai bonne mémoire, il y aura demain huit ans, que je l'ai trouvé mourant sur le rivage, au milieu des débris d'un bâtiment jeté à la côte. D'où il venait, ce qu'il était ; on ne s'en est pas trop informé quand on l'a reçu au château. Grâce aux bontés de M. Grandville, il a prospéré, qu'il s'en souvienne aujourd'hui.

GERTRUDE.

Il n'a pas atttendu vos conseils pour cela, M. Grandville en a des preuves.

JACQUES.

Tant mieux ! après ça, si mademoiselle Caroline le refuse pour époux, qu'il ne la tourmente point... une femme comme elle ne s'achette point avec des guinées

GERTRUDE.

Qu'est-ce à dire... croyez-vous ?

JACQUES.

Tout est dit... filons du cable. (*Lui tournant le dos brusquement.*) J'ai lâché ma bordée. (*Il marche vers la plage.*)

GERTRUDE, *d'un air triomphant.*

Ah ! rejouis-toi, maintenant...

JACQUES, *aperçoit Williams qui arrive par le fond à droite.*

Voilà encore un forban qui vient ici jeter ses grapins.

SCENE IV.

JACQUES, CAROLINE, GERTRUDE, WILLIAMS,
Marins.

WILLIAMS, *s'est arrêté et paraît observer avec inquiétude le côté par lequel il est arrivé.*

Que veulent ces gardes, il semblent surveiller la côte... J'ai cru un moment qu'il suivaient mes traces...

GERTRUDE, *à Williams.*

Déjà de retour ?

JACQUES, *au fond.*

Un homme à la pointe de la jetée, et l'œil au large.

GERTRUDE, *à Williams toujours les yeux fixés dans la même direction.*

Vous paraissez agité ?

WILLIAMS, *d'un geste expressif.*

Silence... où est M. Darby ?

GERTRUDE ; *l'examinant.*

Au pavillon.

WILLIAMS.

Seul ?

GERTRUDE.

M. Grandville vient de le quitter.

WILLIAMS.

Bon ! il faut que je lui parle tout de suite, à vous aussi... venez.

GERTRUDE, *montrant Caroline.*

Mais je ne puis quitter.

WILLIAMS, *d'un ton dur.*

Il le faut absolument.

GERTRUDE, *allant à Caroline.*

Il m'effraie. (*Près du banc.*) Mademoiselle, ne rentrez-vous pas ?

CAROLINE, *se levant.*

J'attends ici mon tuteur ; et je désire lui parler sans témoins.

WILLIAMS.

Fort bien.

GERTRUDE, *à Caroline.*

Mais, permettez.

WILLIAMS, *la prenant brusquement par le bras.*

Allons, pas tant de discours ! agissons... venez.

(*Ils sortent vivement.*)

SCENE V.

JACQUES, CAROLINE.

CAROLINE.

Aurai-je la force de soutenir ce pénible entretien.

(*Elle reste pensive.*)

JACQUES, *s'approche avec ménagement.*

Eh bien ! mamselle, faut-il croire tout ce qu'on dit, d'arrangemens, de fiancailles... Vous auriez consenti ?...

CAROLINE.

Ils le veulent, peut-être feront-ils tout pour m'y contraindre... mais les obstacles qu'ils ont à vaincre. (*Elle porte vivement les deux mains sur son cœur.*) Ils sont là.

Albert. 2

JACQUES , *avec abandon.*

C'est ça... ferme; M. Grandville est bon , il vous chérit, et se sacrifierait plutôt...

CAROLINE.

Oui , et voilà ce qui m'accable... Triste alternative, qui rend ma position affreuse.

JACQUES.

Bath!... qui sait... peut-être... (*Il s'arrête et cache son attendrissement.*) Je ne sais plus ce que je dis.

(*Il passe vivement la main sur ses yeux.*)

CAROLINE, *affectueusement.*

Bon Jacques , vous seul partagez mes peines ; vous savez tout ce que j'ai perdu... des années de bonheur!... Albert le partageait... C'est là qu'il me fit le serment de me consacrer sa vie... c'est là que maintenant!... (*Elle sanglotte.*)

JACQUES , *d'une voix altérée.*

Allons, du courage!...

CAROLINE.

Je dois à jamais pleurer sa perte !

JACQUES.

Pour Dieu!... calmez-vous!... on vient... (*Il fait quelques pas.*) C'est votre tuteur.

CAROLINE.

Moment cruel!

SCÈNE VI.

CAROLINE , JACQUES , GRANDVILLE.

GRANDVILLE , *à Jacques, dont l'émotion l'a frappé.*

Qu'avez-vous?

JACQUES.

Rien... rien, monsieur Grandville. (*S'éloignant brusquement.*) Pauvre enfant ! (*Il monte la côte et se dirige vers le phare.*)

GRANDVILLE , *à Caroline qui vient lentement au-devant de lui.*

Que se passe-t-il donc! vous pleurez, Caroline?

CAROLINE.

Je m'entretenais avec Jacques de temps plus heureux , et malgré moi...

GRANDVILLE , *avec gravité.*

Je le vois avec amertume , les illusions de votre jeune âge vous abusent encore... une existence honorable et paisible vous fera bientôt oublier...

CAROLINE.

Ah! jamais... jamais!...

GRANDVILLE, *à lui-même.*

Voilà ce que je redoutais.   (*Il reste pensif.*)
Le ciel s'obscurcit ; la mer est agitée ; les marins vont et viennent sur la côte. Jacques descend du phare, et vient détacher des cordages suspendus à sa cabane.)

JACQUES, *s'arrête et observe.*

Je crois qu'ici comme au large, tout est à l'orage.

GRANDVILLE, *à part.*

Je ne dois plus me taire (*Il se rapproche de Caroline avec un calme apparent.*) Caroline, écoutez-moi... Vous atteignez votre majorité... Dans quelques heures je rends mon compte de tutelle à un conseil de famille... et demain, vous serez maîtresse de vos actions.

JACQUES *vivement, en emportant ses cordages.*

C'est autre chose, ça...

GRANDVILLE.

Ainsi, tous mes droits sur vous...

CAROLINE.

Seront toujours les mêmes... croyez bien....

GRANDVILLE, *l'interrompant.*

Prêtez-moi toute votre attention... C'est à votre raison que je vais parler.

CAROLINE, *à elle-même.*

Cruelle épreuve !

GRANDVILLE.

Votre père, mon ami, décidé par des malheurs domestiques à quitter l'Amérique, sa patrie ; vint en France s'associer à mes spéculations ; et dès lors, tous les deux veufs, nous ne fîmes plus qu'une seule maison. Nos affaires prospéraient, une alliance dès long-temps projettée devait combler tous nos vœux... Des événemens déplorables vinrent successivement détruire cet heureux état de choses. Darnley, frappé subitement de maladie, mourut sans avoir fait de dispositions... de ce moment, je comptais deux enfans. (*Avec un accent douloureux.*) Aujourd'hui il ne m'en reste plus.

CAROLINE, *avec entraînement.*

Ah ! vous trouverez toujours dans votre pupille une fille tendre soumise.

GRANDVILLE.

Il m'est doux d'en croire cette assurance !

CAROLINE.

Mon cœur vous la donne.

GRANDVILLE.

Votre conduite ne le démentira pas.

(*Caroline lève les yeux au ciel et reste immobile.*)

Sans rappeler la cause odieuse de ma ruine et de la vôtre, je dois vous éclairer sur notre triste situation.

CAROLINE.

Hélas!

GRANDVILLE.

Déclaré responsable des pertes éprouvées par de nombreux intéressés, si je ne peux remplir mes engagemens qui vont échoir, nous sommes sans ressources, sans asile....

CAROLINE, *vivement.*

Eh quoi?... le domaine de Sainte-Marie...

GRANDVILLE.

Est grévé au delà de sa valeur.

CAROLINE, *abattue.*

Il n'est donc plus d'espoir?

GRANDVILLE.

Un seul nous reste encore, et vous pouvez le réaliser

CAROLINE, *hésitant.*

Un seul!...

GRANDVILLE.

Darby s'est entendu avec mes créanciers, ils admettent sa caution, et le contrat qu'il a fait préparer assure votre bien-être et ma tranquillité.

CAROLINE, *avec abandon.*

Ah! je ne balance plus.... Mon père, disposez de Caroline.

GRANDVILLE, *la serrant contre sa poitrine.*

Ton père! oui; donne-moi toujours ce titre jadis si doux. (*à part.*) Je croyais ne plus pouvoir l'entendre sans horreur!

CAROLINE *se dégage de ses bras et marche précipitamment vers le banc.*

Ma résolution est prise!

(*Caroline a pris la couronne de fleurs qu'elle a tressée; elle écarte des arbustes qui cachent une pierre sur laquelle on lit : À la mémoire d'Albert.*

JACQUES, *revenant en scène et attentif à ce qui se passe.*

Que fait-elle?

CAROLINE *s'agenouille et pose la couronne sur la pierre.*

Cher Albert, reçois ce dernier gage!

(*Grandville, frappé de l'action de Caroline, fait quelques pas; celle-ci continue :*

Je devais vivre et mourir pour toi.... c'en est fait!... Adieu!... adieu pour toujours!

GRANDVILLE, *après avoir lu l'inscription, avec force,*

Ciel! qu'ai-je lu?...

CAROLINE *se retourne précipitamment.*

Ah! pardon, pardon...

GRANDVILLE, *la soutenant d'un bras, et de l'autre montrant le monument.*

Fils indigne! opprobre de ton père! honte de ton pays! puisse ma malédiction...

CAROLINE, *hors d'elle-même.*

Arrêtez... une victime doit vous suffire.

(Elle se cache le visage.)

JACQUES, *attendri.*

Qui aurait prévu ce coup de foudre?... Me voilà démâté! quelqu'un s'avance. (*Il regarde et dit à haute voix :*) M. Darby!

CAROLINE, *vivement.*

Darby!... (*Elle essuie ses pleurs, prend avec agitation les mains de Grandville*) De grâce!... permettez que je lui parle... (*à elle-même.*) Il le faut. (*Elle pousse doucement Jacques auprès de son tuteur, l'engage par des gestes pressans à s'occuper de lui, et se porte au milieu de la scène.*)

JACQUES.

Quel est son projet?

SCÈNE VII.

LES PRÉCÉDENS, DARBY.

DARBY, *venant au-devant de Caroline.*

Charmante Caroline, je n'ai pu résister à ma vive impatience; je viens chercher en tremblant mon arrêt.

CAROLINE, *avec une émotion concentrée.*

C'est à vous, monsieur, de prononcer le mien.

DARBY.

Le vôtre? je ne puis comprendre...

CAROLINE, *avec une grande agitation.*

Peu de paroles vont suffire. Vous savez quels nœuds m'étaient promis, quel coup les a brisés...

DARBY, *avec une douleur feinte.*

Ah! comme vous j'ai déploré...

CAROLINE, *l'interrompant.*

Albert n'est plus! mon cœur tout entier l'a suivi dans la tombe... ne vous chargez point d'une existence condamnée aux regrets.

DARBY, *vives démonstrations.*

Ah! les soins les plus tendres...

CAROLINE.

Je ne pourrais y répondre que par des larmes!

DARBY.

J'en tarirai la source.

CAROLINE.

Vous le pouvez en me laissant libre.

DARBY.

Quel sacrifice exigez-vous?

CAROLINE.

Des impressions passagères s'effaceront bientôt de votre souvenir.

DARBY.

Cruelle!... Ah! mon amour égare, subjugue toutes les facultés de mon âme... rien ne pourra l'en arracher... oui, je le jure à vos pieds!

CAROLINE, *avec une dignité froide.*

Epargnez-vous, monsieur, de vaines protestations. (*Montrant Grandville.*) Voici celui à qui vous devez tout... (*pesant sur ses paroles.*) Vous seul pouvez le sauver du désespoir...

DARBY.

Eh bien! son avenir, votre bonheur, le mien, dépendent de votre volonté.

CAROLINE, *avec force.*

Eh quoi?

DARBY, *hors de lui.*

Oui, si je devais vous perdre... malheur!...

CAROLINE.

N'achevez pas...

DARBY, *revenant à lui.*

Non... non... pardonnez à la violence... Caroline, daignez écouter...

CAROLINE, *avec une résignation douloureuse.*

Il suffit. J'en appelais à la délicatesse, aux sentimens élevés d'un homme d'honneur... vous ne m'avez pas entendue.

GRANDVILLE, *quittant Jacques qui jusqu'ici a cherché à le contenir.*

Caroline!

CAROLINE, *à elle-même.*

Tout est fini pour moi. (*A son tuteur, avec effort.*) Vous serez obéi.

DARBY, *à part.*

Je l'emporte!

(*Le tonnerre gronde, les éclairs se succèdent avec rapidité; on entend une voix lointaine :* Ho! *les marins répondent :* Holà? ho!

JACQUES.

Des cris de détresse? (*Il court à la mer.*)

LES MARINS.

Une barque à la côte!

GRANDVILLE.

Un terrible ouragan se prépare. (*à Caroline.*) Venez. { *Il marche lentement et la soutient.*)

DARBY, *à part.*

Williams me cherchait, m'a-t-on dit. Sachons s'il a réussi.
(*Il accompagne Grandville.*)

JACQUES, *excitant le zèle des marins.*

Allons, enfans, un câble à la mer. (*se faisant un porte-voix des deux mains.*) Ho! la barque, ho! (*une voix rapprochée :*) Ho?

JACQUES.

Le cap au phare!... une ancre à la bouée!

(*Effets de tempête ; cris confus des marins ; ciel en feu ; la foudre éclate. Une chaloupe échoue sur un point du rivage, caché en partie par une pointe de rocher.*)

CAROLINE, *prête à s'élancer vers le rivage.*

Ah! les malheureux!

JACQUES, *derrière le rocher.*

Terre! terre! Amarez... vivement... là!

GRANDVILLE, *à Caroline.*

Les voilà sauvés, ne tardons plus. (*Il l'emmène. Au moment où ils sortent, ainsi que Darby, Albert paraît.*)

SCENE VII.

JACQUES, Marins, ALBERT *enveloppé d'un manteau. Un chapeau à larges bords, garni d'une plume rabattue, cache en partie ses traits.*

(*Les marins sont occupés avec le pilote d'Albert à tirer un grand coffre de la chaloupe.*)

JACQUES, *les aidant.*

Diable!

UN MARIN.

C'est lourd, hein!

ALBERT.

Grand Dieu, je te rends grâces; je touche enfin le sol de la France!

JACQUES, *avançant.*

Je crois que voilà un chargement qui en vaut bien un autre.

ALBERT.

Après six années d'exil!... voilà donc les lieux qui m'ont vu naître!

JACQUES, *s'approchant.*

Que dit-il?

ALBERT, *allant à lui.*

Mon cher Jacques!

JACQUES.

Mon nom !... (*Il le regarde fixement.*)

ALBERT, *l'emmenuat en scène.*

Tu ne reconnais pas celui que ta femme a nourri?

JACQUES.

Il est possible?... M. Alb...

ALBERT, *avec un geste expressif, et regardant les marins.*

N'achève point un nom proscrit.

JACUES, *hors de lui.*

C'est vous. (*il le presse.*) c'est bien vous... (*vives démonstration.*)

ALBERT, *attendri.*

Bon Jacques.

JACQUES,

Ah! ma pauvre tête !.. je n'y suis plus.

ALBERT.

Mon père !.. Caroline?..

JACQUES, *montre le côté du banc.*

Là... il n'y a qu'un instant.... ils ne se doutaient guère... ni moi non plus, par exemple...

ALBERT.

Ils étaient là! (*apercevant l'inscription.*) quel monument !...

JACQUES.

Mademoiselle Caroline... depuis deux mois...

ALBBRT.

Eh bien ?..

JACQUES.

Pleure votre mort.

ALBERT.

Ma mort! qui a pu ?..

JACQUES.

Darby...

ALBERT.

L'infâme !

JACQUES.

En revenant d'Angleterre, il en a répandu la nouvelle. Vous aviez, a-t-il annoncé, péri misérablement dans les Indes.

ALBERT, *l'attire en scène.*

Apprends que ce Darby n'est qu'un scélérat, nommé Jonh Wils, sorti d'Angleterre pour fuir le châtiment qu'il avait mérité.

JACQUES.

Et je l'ai retiré de la mer !.. ah! si j'avais su..·

ALBERT.

Son zèle, son dévouement nous a tous abusés !... le fourbe méditait un crime affreux... il n'a que trop bien réussi..

JACQUES.

C'est lui qui serait cause...

ALBERT.

De ma perte, oui.

JACQUES.

Quelle horreur !

ALBERT

Pendant qu'il pressait l'armement du navire que je devais commander, il négociait secrètement avec un corsaire la vente de ma riche cargaison et les moyens de la livrer sûrement.

JACQUES

Misérable !.. mais on ne l'avait pas vu s'absenter !..

ALBERT.

Un Williams Dick, alors contrebandier, réglait tout pour lui.

JACQUES.

Williams, coquin subalterne, son affidé maintenant.

ALBERT.

A peine au large, comme le pilote faisait fausse route, je voulus prendre le gouvernail... l'équipage gagné se soulève. Furieux, je porte la main à mon sabre ; un coup de hache (*il montre son front.*) me renverse au milieu des traîtres.

JACQUES.

Traîtres maudits ! Rentrés dans le port, pilote, matelots ont déclaré que vous les aviez livrés aux Anglais, qu'ils étaient parvenus à s'échapper dans la chaloupe du bâtiment ; et c'est sur leur rapport que votre jugement a été prononcé.

ALBERT.

Ainsi tout devait assurer la réussite de cette horrible perfidie.

JACQUES.

Tout ! mais quel fut votre sort ?

ALBERT.

De prompts secours me furent prodigués à bord du corsaire ; et je trouvai, dans le capitaine Brown, un ennemi plus humain que je ne devais m'y attendre. Il s'intéressa à mon sort. Après cinq années de courses lointaines, il revenait en Angleterre avec d'immenses capitaux, des pirates norwégiens nous attaquèrent à l'abordage. Deux fois je couvris de mon corps le capitaine déjà blessé : nous fûmes vainqueurs. Débarqués à Plymouth, Brown, touché de ma conduite et sentant que ses blessures étaient mortelles, me remit avant d'expirer les lettres de Jonh Wils, le traité signé double entre eux, et par reconnaissance pour mon dévouement, ce coffre !..

JACQUES.

Le brave corsaire

Albert.

3

ALBERT.

Il renferme plus de richesses que je n'en ai perdu. (*Aux marins.*)
Approchez, camarades; (*les marins traînent le coffre près du banc.*)
la tempête pouvait tout engloutir. (*Les marins, quand le coffre est
placé, s'éloignent de quelques pas. Albert appuie la main sur le couvercle
qui se lève vivement, au moyen d'un ressort intérieur.*

JACQUES, *il examine le couvercle et regarde dans le coffre.*
Que d'or!

ALBERT *puise à même et donne aux marins.*
Tenez, braves gens.

MARINS.
Grand merci! Voilà une bonne journée.
(*Ils se retirent dans le fond en comptant leurs pièces.*)

JACQUES.
Ah, oui, une bonne et belle journée.

ALBERT.
Et toi, Jacques (*l'attirant vers le coffre*), prends, mon ami.

JACQUES.
Ah! vous nous êtes rendu.. je n'ai plus besoin de rien.
(*Un détachement paraît au fond à droite.*)

ALBERT.
Des gardes de la marine!
(*Il se jette sur le banc, enveloppé de son manteau.*)
JACQUES *s'assied vivement sur le coffre qui se referme et se trouve cacher
Albert aux gardes.*
Que veulent-ils?
(*Après avoir parlé aux marins, les gardes disparaissent.*)

ALBERT.
Ils s'en vont.

JACQUES.
Attendez. (*Du milieu de la scène il suit de l'œil le détachement.*) Je
vais savoir... (*Il court aux marins.*)

ALBERT, *se levant.*
Mon mémoire a dû parvenir au conseil de marine... et provoquer
une nouvelle enquête... cette démarche me serait-elle funeste?...
On me poursuit peut être... (*A Jacques, qui revient.*) Eh bien?

JACQUES.
Ils ont demandé le chemin de Sainte-Marie.

ALBERT, *inquiet.*
Et puis...

JACQUES.
Des renseignemens sur les habitans, sur l'intérieur, les dehors et
les différentes issues de la maison... Tout ça...

ALBERT.
Annonce des recherches.

JACQUES.

Sans doute, mais...

ALBERT, *vivement.*

Je suis sous le poids d'une condamnation !

JACQUES, *avec véhémence.*

Vous avez des preuves en main.

ALBERT, *avec une rage concentrée.*

Ah ! qu'il me tarde d'assouvir...

JACQUES, *vivement.*

Ecoutez... il faut des précautions... Le coquin de Darby ou
John Wils, c'est égal, a en portefeuille les obligations signées
Grandville.

ALBERT.

Comment ?

JACQUES.

Il les a achetées... dans une bonne intention, disait-il ; mais je
vois maintenant...

ALBERT.

Quelle affreuse combinaison !

JACQUES.

Pour décider votre père à lui accorder la main de mademoiselle
Caroline.

ALBERT, *avec un cri.*

A ce lâche ?

JACQUES.

Aujourd'hui même.

ALBERT.

Caroline a pu consentir...

JACQUES.

La pauvre enfant !... elle s'est sacrifiée pour son tuteur.

ALBERT.

Oui, toute odieuse pensée l'outrage !... Mais son affreuse position...

JACQUES.

Va changer... je me charge de ça... feu de tribord et babord... (*à
lui-même.*) Voyons, dressons nos batteries.

(*Il réfléchit.*)

ALBERT.

Tous mes membres sont engourdis ! j'éprouve un affaissement..
(*Il se porte vers le banc.*)

JACQUES, *sans faire attention qu'Albert tombe de fatigue.*

Oui... on ne viendra pas au phare... Ici, vous êtes en sûreté..
Je cours à la vallée, je tombe au milieu des réjouissances comme une
bombe de cinq cents.. Ah ! je veux faire danser aux Wils, aux Dick
et à toute la bande barbaresque, une ronde dont ils se souviendront

Soyez tranquille... (*Il est tout-à-coup frappé de l'état d'Albert qui se laisse aller sur le banc.*) Mais qu'est-ce qui vous prend?... vos yeux se ferment!...

ALBERT.

Oui, malgré moi.

JACQUES.

Venez à ma cabane... au moins...

ALBERT, *sa voix s'affaiblit peu à peu.*

Non; l'air me fait du bien... je ne souffre pas... mais (*Il étend ses bras.*) depuis trois jours... tant de fatigues! d'émotions! et pas de sommeil! ah! j'ai besoin de repos... (*On entend à peine ces derniers mots.*)

JACQUES.

Ça le remettra. (*Aux marins, qui approchent.*) Chut!... il s'est endormi. (*Il le couvre de son manteau.*) Là. (*Il écarte les marins.*) Pas de bruit. (*Il marche avec précaution.*) Il faut songer à tout. (*Il entrouvre la porte de la cabane.*) Bon! j'ai des provisions.

ALBERT, *rêvant.*

Ah! ce sont eux.

JACQUES.

Il rêve.

ALBERT.

Mon père... Caroline... doux moment!...

JACQUES.

Il croit les voir... (*comme frappé d'une idée subite.*) Si je pouvais...

ALBERT.

C'est moi!

JACQUES.

Oui... l'heureuse idée... (*aux marins.*) Ecoutez. (*Les marins l'entourent, il leur parle avec vivacité. Pendant ce temps, quelques vapeurs s'élèvent autour d'Albert.*)

JACQUES, *continuant haut.*

Plus de fête au château... tout le monde ici... nos plus beaux habits, des fleurs, des guirlandes... qu'à son réveil... ne perdons pas un instant. (*Les marins avancent un peu pour regarder Albert; Jacques les retient.*) Venez, venez. (*Tous les marins, hommes et femmes, se retirent avec la plus grande précaution. Pendant ce temps, une ombre légère plane sur la tête d'Albert et répand sur lui des pavots; des vapeurs semblent descendre de toutes parts. En ce moment le rideau baisse.*)

FIN DU PREMIER ACTE.

ACTE SECOND.

SCENE PREMIERE.

(*Au lever de la toile Albert est couché sur son banc, toujours en-*
dormi. La scène est enveloppée de nuages; le génie qui tout-à-l'heure
effeuillait ses pavots sur Albert, l'examine, et appelle autour de lui
des songes agréables; aux accords d'une harmonie douce et riante, deux
groupes de songes couronnés de fleurs paraissent des écharpes à la
main, au milieu des vapeurs qui s'évanouissent devant leurs pas; ils
semblent bercer l'imagination d'Albert par leurs danses voluptueuses,
et par le mouvement cadencé de leurs écharpes, qu'ils agitent dans les
air. Bientôt les mauvais rêves apparaissent, interrompent les danses et
les jeux, chassant les songes agréables, et restent maîtres du malheu-
reux Albert. Le cauchemar, que l'abîme vomit au milieu des flammes,
se précipite sur la poitrine du dormeur, et l'écrase de son poids. Tout-à-
coup, les mauvais rêves s'éloignent, les nuages se dissipent, et laissent
apercevoir un brillant cabinet d'études, où viennent se réunir les habi-
tans de Ste.-Marie.

SCENE II.

ALBERT, *toujours couché*, **CAROLINE**, **GRANDVILLE**,
DARBY, Membres du Conseil de Famille; *le cauchemar est*
toujours sur banc, **GERTRUDE**.

GRANDVILLE.

Ainsi, Messieurs, vous le voyez, je n'avais rien à me repro-
cher; j'ai la satisfaction d'assurer l'avenir de ma pupille par un éta-
blissement honorable, et vous avez bien voulu, en arrêtant mon
compte de tutelle, constater toute ma sollicitude à cet égard... Je
vous en remercie.

DARBY, *à part.*

Le moment est donc venu.

GRANDVILLE, *déposant les papiers qu'il tenait sur la table.*

Darby... je vous remets l'enfant de mon cœur; faites tout pour la rendre heureuse.

DARBY.

C'est le plus ardent de mes vœux.

CAROLINE, *avec abattement.*

Plus d'espoir!

GRANDVILLE, *bas à Caroline.*

Votre promesse est sacrée. (*Il la baise au front.*)

CAROLINE, *d'une voix étouffée.*

Je tâcherai de la remplir. (*Elle cache ses larmes.*)

GRANDVILLE.

Chère enfant! (*Il montre à Darby le papier qu'il vient de déposer sur la table.*) Ce contrat, dont les clauses vous sont connues...

DARBY, *prenant le contrat.*

Il m'unit à Caroline... je signe aveuglement. (*Il signe et présente la plume à Caroline.*) Et vous, Caroline?

A ces mots, sous le banc d'Albert, se glisse un dragon énorme, ses anneaux gonflés se déroulent et soulèvent le banc.)

ALBERT, *que le mouvement du banc met sur ses pieds, s'élance vers la table, et d'une voix retentissante.*)

Elle ne signera pas!

DARBY.

Quel est cet audacieux?

ALBERT, *l'arrêtant par un geste.*

Tu l'apprendras. (*à Caroline, lui montrant son anneau.*) Ce gage?

CAROLINE, *avec un cri aigu.*

Mon anneau!

GRANDVILLE, *à Albert.*

Que venez vous faire ici?

ALBERT.

Vous sauver!

DARBY, *avec fureur.*

Qui êtes-vous?

ALBERT, *prenant le milieu de la scène.*

Le capitaine Brown.

DARBY, *atterré.*

Ciel!

ALBERT, *d'une voix terrible.*

Tremble... la foudre gronde sur ta tête.

(*Albert, dans son attitude menaçante, semble jouir de la terreur de Darby. Grandville est partagé entre les soins qu'il donne à Caroline et l'étonnement que lui cause l'apparition de l'inconnu. Les membres du Conseil, expriment, par leur pantomime, la frayeur dont ils sont saisis Un rideau*)

*de nuages enveloppe bientôt la scène.) Musique.) Les nuages s'élèvent,
les vapeurs se dissipent ; bientôt on découvre entièrement la scène.)*
(*Le théâtre représente une galerie ouverte donnant sur le vestibule.*)

SCENE III.

ALBERT, qui est resté en scène, GRANDVILLE, entrant
par le fond, peu a près DARBY et WILLIAMS, suivis de
plusieurs hommes de mauvaise mine.

ALBERT, *allant à Grandville.*

Je vous en conjure... ne précipitez rien... ne sacrifiez point
Caroline...rappelez-vous qu'autrefois, destinée à Albert...

GRANDVILLE.

Non, monsieur, je ne puis en entendre davantage.

DARBY, *dans le fond à Williams.*

Le voilà ! as-tu tout prévu ?

WILLIAMS.

Vas... (*à un inconnu portant une torche.*) soyez prêt au premier
signal. (*L'inconnu sort.*)

GRANDVILLE, *à Albert.*

L'infamie de ce fils coupable a rempli d'amertume mes derniers
jours.

ALBERT.

Il m'accuse de ses peines !

DARBY, *à Williams.*

Mais est-ce bien le capitaine Brown ?

WILLIAMS.

Voilà ce qu'il faut découvrir.

ALBERT, *apercevant Darby et Williams.*

On nous épiait.

WILLIAMS, *apercevant toute la figure d'Albert.*

Non, ce n'est pas Brown.

DARBY.

C'est donc un imposteur. (*Il veut s'avancer.*)

WILLIAMS.

Un moment !.. du sang-froid.

ALBERT, *allant à eux.*

Me connaîtrais-tu, Williams Dike ?

WILLIAMS, *stupéfait.*

Il sait mon nom !

DARBY.

Il t'a nommé.

ALBERT, *à Grandville.*

Observez...

WILLIAMS , *à Darby.*

C'est égal , de l'assurance.

ALBERT , *à Grandville.*

Et jugez.

DARBY , *avec assurance.*

Monsieur Grandville daignera-t-il m'expliquer pourquoi, depuis l'apparition de l'étranger qui l'obsède , nos rapports semblent n'être plus les mêmes ? pourquoi la vue de Caroline paraît-elle m'être interdite?... aux termes où nous en sommes, n'ai-je pas des droits...

ALBERT.

Qui vous les a donnés ?

DARBY.

Est-ce à vous que j'en dois compte ?

ALBERT.

J'ai peine à me contenir !..

DARBY , *à Grandville.*

Jusqu'ici , nous nous étions entendus sans interprête. Je doute fort que l'inconnu qui s'empare de votre confiance ait des vues conciliantes sous le voile dont il se couvre... et la vérité...

ALBERT.

On jugera bientôt qui doit la craindre.

WILLIAMS , *vivement.*

La vérité , c'est que vous n'êtes pas le capitaine Brown.

GRANDVILLE.

Comment! se il pourrait...

DARBY , *à Grandville.*

Oui, on vous trompe. Ainsi, votre faiblesse s'abandonne au perfide ascendant d'un aventurier , qui, sous un faux nom...

ALBERT.

Arrêtez. Je ne suis pas le seul ici qui ait des raisons de cacher le sien.... vous le savez mieux que personne.

WILLIAMS , *frappé de surprise.*

Maudit homme! il sait tout.

DARBY , *à Grandville.*

Ah! c'en est trop !.. votre silence autorise tant d'outrages.

GRANDVILLE.

Est-ce à moi de vous défendre !

DARBY , *avec emportement.*

Eh bien! je n'ai plus de ménagemens à garder.. on verra si l'on peut rompre avec moi sans danger.

ALBERT , *à Grandville.*

Vous l'entendez.

GRANDVILLE.

Des menaces , Darby !

DARBY.

La main de Caroline, ou plus de transaction qui vous libère... je laisse agir vos créanciers.

GRANDVILLE.

Ingrat !

ALBERT, *tirant son portefeuille.*

Ah ! je veux le confondre !

GRANDVILLE.

Quand je vous ai fait ce que vous êtes, ai-je imposé des conditions pour mes bienfaits ?

DARBY.

Vous rejettez mes offres ?.. je suis quitte envers vous.

GRANDVILLE, *abattu.*

Il est donc vrai ?

ALBERT, *à Grandville, lui montrant des papiers.*

Calmez-vous. Brown ou tout autre, je saurai vous garantir des dangers qui vous menacent.

DARBY.

Vous !

ALBERT, *continuant.*

Les créanciers ne feront point usage des obligations souscrites...

DARBY.

Les titres sont en leurs mains.

ALBERT, *toujours à Grandville.*

Ils vous seront remis.

DARBY.

Qui les rendra ?

ALBERT, *allant à lui.*

Jonh Wils !   (*Il lui montre des papiers.*)

DARBY, *à part.*

Mes signatures ! (*à Williams.*) Mes lettres à Brown ?

WILLIAMS.

Il est possible... tout est fini !.. (*se tournant vers l'un des hommes qui l'accompagne.*) Allons, voilà le moment. (*L'homme s'éloigne précipitamment en levant une torche allumée.*)

GRANDVILLE.

Qui que vous soyez, expliquez-moi...

ALBERT, *affectueusement.*

Avant peu, je l'espère, je pourrai me faire connaître ; comptez sur mon dévouement.

DARBY, *à Williams.*

Cet homme nous perdra !

Albert.

WILLIAMS.

C'est lui qu'il faut perdre... Laissez-moi faire, bientôt... (*Clameurs, cris en dehors.*) Entendez-vous?..

GRANDVILLE.

Quel tumulte !

WILLIAMS, *avec joie à Darby.*

Caroline est à nous !

(*Bruit, cris, rumeur, etc.*)

Au feu! au feu!

SCENE IV.

Les Précédens, foule d'Hommes et de Femmes, JACQUES.

JACQUES.

Le feu est à Sainte-Marie !.. les flammes gagnent déjà ce pavillon.

ALBERT ET GRANDVILLE.

Grand Dieu !

JACQUES.

Mademoiselle Caroline !

ALBERT.

Je la sauverai !

GRANDVILLE.

Sauvons-la ! (*Musique ; tout le monde sort.*)

DARBY.

Oui, courons...

WILLIAMS, *l'arrêtant.*

Que faites-vous?.. laissez-moi agir.

DARBY.

Mais Caroline?

WILLIAMS.

Attendez l'événement. Je vous l'ai dit, elle est à vous... que je vous retrouve là, et je réponds de tout.   (*Il sort.*)

SCENE V.

DARBY, *seul.*

Il a donc exécuté son projet!.. Caroline... ah! je tremble pour elle. (*Il parcourt la scène avec agitation. Grande confusion, cris d'effroi ; les flammes éclairent la scène ; le pavillon s'embrâse ; des habitans traversent le théâtre et se précipitent vers le foyer de l'incendie.*) Ces cris, ce tumulte ajoutent à mon effroi, et je ne puis m'éloigner... Ici, sous le vestibule, m'a-t-il dit... attente cruelle ! *Ici, une partie du pavillon s'écroule ; Albert paraît au milieu des dé-*

bris, tenant Caroline évanouie dans ses bras. Dès qu'il met le pied sur la scène, les flammes, étouffées par les débris du pavillon, cessent d'éclairer l'intérieur, qui devient sombre.

SCENE VI.

DARBY, ALBERT, CAROLINE.

ALBERT, *avec Caroline qu'il transporte.*

Grand Dieu ! dois-je la voir expirer dans mes bras ! (*Il la pose sur un fauteuil.*) Caroline ! Caroline !

DARBY, *à demi-voix.*

Williams !

ALBERT.

Qui s'avance ?

DARBY.

Est-ce toi ?

ALBERT.

Moi !

DARBY.

Eh bien ! Caroline...

ALBERT.

C'est Darby !

DARBY.

Oui. Où es-tu ?

ALBERT, *allant à lui.*

La.

DARBY.

Ce n'est pas sa voix.

ALBERT, *d'une voix terrible.*

Tu demandes Caroline... c'est sa main que tu veux !.. tiens, la voilà.

Il saisit Darby par le bras et l'entraîne violemment. L'agent incendiaire de Williams paraît ; Albert saisit la torche allumée qu'il tient encore à la main. Des gardes traversent le fond, et semblent courir sur les traces de l'inconnu qui a pris la fuite.

DARBY, *qui a pris la main de Caroline, s'écrie avec horreur :*
Dieu ! elle est glacée !

ALBERT, *dans le plus grand désordre et agitant sa torche.*

L'ange des ténèbres doit présider à cet hymen !

DARBY, *saisi d'épouvante.*

Que vois-je !

ALBERT, *le saisissant de nouveau.*

L'enfer vous unit... bourreau ! prends ta victime. (*Musique.*)

DARBY.

O terreur !

SCENE VII.

LES Précédens, JACQUES, WILLIAMS, Foule d'Habitans,

PLUSIEURS.

Le voilà! le voilà!

WILLIAMS.

Ah!..

JACQUES.

Ils sont ici... à moi, vous autres!

ALBERT.

Que voulez-vous?

JACQUES.

Monsieur Albert.

TOUS. (*étonnement.*)

Albert!

JACQUES, *apercevant Caroline.*

Que vois-je?.. vîte, des secours!

ALBERT.

Il n'est plus temps!.. elle est à moi, la mort me l'a rendue.

DARBY, *à Williams.*

C'est Albert!

ALBERT, *s'élançant sur eux.*

Oui, c'est Albert, misérables!

JACQUES, *aux habitans.*

Retenez-le. (*musique.*)

ALBERT; *il veut se débarrasser.*

Laissez-moi, laissez-moi.... (*Il s'assied.*) Les insensés! ils veulent que je vive.

Pendant ce mouvement, Williams a entraîné Darby dans le fond et lui parle bas; Jacques et les habitans s'empressent autour de Caroline.

JACQUES, *à quelques marins, désignant Albert.*

Veillez sur lui.

WILLIAMS, *dans le fond, à Darby.*

Nous sommes sauvés!

DARBY.

Qu'espères-tu?

WILLIAMS.

Ce déguisement, ce faux nom...

DARBY.

Eh bien?

WILLIAMS.

C'est lui que les gardes cherchent, il est perdu!.. Venez.

Il l'entraîne par la galerie.

SCENE VIII.

Les Mêmes, hors WILLIAMS et DARBY ; *Caroline se ranime.*

JACQUES.

Elle a fait un mouvement !.. elle n'était qu'évanouie.

ALBERT.

Elle existe !.. (*Il se rapproche vivement, la regarde avec émotion et dit à Jacques :*) Et mon père ?

JACQUES.

Vous n'avez rien à craindre pour ses jours. (*Aux habitans.*) Enfans, au grand vestibule, il est là. Dites-lui que sa pupille est avec nous, hors de danger.   (*Ils sortent tous.*)

JACQUES, *en arrêtant quelques-uns.*

Un moment, vous autres ; en observation sur la terrasse...Les coquins n'ont plus rien à ménager, ne nous laissons pas surprendre.

Ils sortent.

ALBERT, *près de Caroline.*

Chère Caroline !

JACQUES, *allant à lui.*

Qu'allez-vous faire ? (*Il l'entraîne de l'autre côté de la scène.*) Elle n'a pu vous reconnaître encore ; et dans l'état de faiblesse où elle est...

ALBERT.

Oui, oui, j'oubliais... je tâcherai de me contenir.

Il suit tous les mouvemens de Caroline.

CAROLINE, *entourée de plusieurs femmes.*

Qui m'a conduite en ces lieux ?

JACQUES, *allant à elle.*

C'est moi, mademoiselle.

CAROLINE, *se levant.*

Que s'est-il donc passé ?

JACQUES.

Reprenez vos sens.

CAROLINE.

Que veut-on de moi ?

JACQUES.

Allons, du courage !

CAROLINE, *plus vivement.*

Qu'ai-je donc à craindre ?

JACQUES, *à Albert.*

Dick et Darby ont échoué dans leur projet d'incendie ; ils machinent, j'en suis sûr, quelqu'autre coup désespéré, mais... (*A Caroline.*) Il faut que je vous quitte pour quelques instans.

CAROLINE, *avec trouble.*

Au nom du ciel, ne m'abandonnez pas !

JACQUES.

Je vous laisse un libérateur, un appui. Ce généreux étranger...

CAROLINE , *se levant.*

Cet étranger... (*Elle jette les yeux sur Albert.*)

JACQUES.

Il vous a arraché des mains de Darby, et sans lui, vous péris-
siez au milieu de l'incendie.

CAROLINE.

Ah oui... (*Elle fait quelques pas et s'arrête tout-à-coup.*) Il me
semble que déjà... (*Elle le fixe attentivement.*)

JACQUES , *à demi-voix à Albert.*

Voyez comme elle vous examine.

CAROLINE.

Mais j'ai peine à réunir mes idées.

JACQUES , *toujours à Albert.*

Craignez qu'une émotion trop vive.... De la prudence, je reviens...comptez sur moi. (*Il sort avec le reste des habitans.*)

SCENE IX.

ALBERT, CAROLINE.

ALBERT , *s'approchant de Caroline.*

Soyez sans alarmes.

CAROLINE.

Après ce que vous avez fait pour moi, votre présence ne peut
que me rassurer ; elle me promet un appui, et dans ma triste position...

ALBERT, *avec entraînement.*

Ah ! personne plus que moi ne doit y prendre part. (*étonnement
de Caroline.*) Comme vous, le malheur me poursuit... des méchans
m'ont réduit au désespoir .. (*il s'anime.*) mais pour vous servir,
pour vous protéger, je sens renaître toute mon énergie.

CAROLINE , *d'une voix émue.*

Croyez que ma reconnaissance... (*hésitant tout-à-coup.*) Mais
a dit Jacques, vous m'avez arrachée des mains de Darby et cette
circonstance... mes idées confuses ne peuvent la retracer à ma mémoire...

ALBERT , *cherchant à lire dans ses yeux.*

Vous consentiez à former des nœuds indignes de vous.

CAROLINE.

Hélas!..

ALBERT.

Vous alliez signer l'acte fatal...

CAROLINE, *très-agitée.*

En effet... oui... c'est bien vous... quel souvenir... un
anneau...

ALBERT , *à lui-même.*

Je ne résiste plus... *(il ôte l'anneau de son doigt.)*

CAROLINE.

Vous le portiez...

ALBERT , *le lui présentant.*

C'est un gage précieux.

CAROLINE , *le prend pour le porter à sa bouche.*

Je le reconnais...

ALBERT , *lui arrêtant le bras.*

Arrête... il donne la mort...

CAROLINE.

La mort... mais cette bague... il la reçut de moi.

ALBERT , *d'un ton pénétré.*

Elle ne l'a pas quitté.

CAROLINE , *avec véhémence.*

Il se pourrait... Albert...

ALBERT , *avec abandon.*

Il existe , il t'adore...

CAROLINE , *le regarde immobile.*

Quels accens !

ALBERT , *se decouvrant.*

Caroline...

CAROLINE , *hors d'elle-même.*

Ah ! c'est lui. (*elle tombe dans ses bras.*) Cher Albert , j'ai pleuré
ta mort .. long-tems... et je te retrouve... et j'ai pu te méconnaître.
Ah ! parle , parle... que j'entende encore cette voix qui m'a fait
tressaillir... qu'elle pénètre mon âme... je n'ose croire à tant de
félicité.

ALBERT.

Oui, Albert, l'heureux Albert te presse contre son sein ; les
peines de l'absence , les tourmens de l'exil ont changé les traits de
l'ami de ton enfance... mais son cœur n'a pas changé... l'excès de
son ivresse te prouve tout son amour.

CAROLINE , *exalté .*

Nos maux sont finis.

ALBERT.

Oui , ma Caroline , ton époux ne te quittera plus , je te le jure ;

CAROLINE.

Douce assurance ! mais ton père...

ALBERT.

Il ignore encore...

CAROLINE.

Viens dans ses bras...

ALBERT.

S'il me repousse...

CAROLINE.

Il partagera notre bonheur.

SCENE X.

LES MÊMES, JACQUES, *accourant avec des marins.*

JACQUES

Tout est perdu!.. Darby ..

ALBERT

Darby!.. ah! ce nom seul me rend à toute l'horreur de ma situation.

CAROLINE.

Que se passe-t-il encore?

JACQUES , *à Albert.*

Il vous livre.... ou vous cherche.... le pavillon est entouré de gardes...

ALBERT.

Ils ne m'auront pas vivant!..

JACQUES.

Non... voilà des défenseurs (*désignant les marins.*) vous ne périrez qu'après nous.

CAROLINE , *s'attachant à Albert.*

Albert!

ALBERT.

Sort cruel, nous séparer encore !

CAROLINE.

Jamais.

JACQUES, *allant vers eux.*

Ils arrivent, préparez-vous.

ALBERT.

Attends... Mon père. (*Il tire les papiers qu'on a déjà ous et écrit.*) Qu'il reçoive les seules consolations que je puisse lui laisser... les preuves de mon innocence... Ces mots tracés à la hâte... ils assurent mon sort... (*Grand bruit au dehors.*)

JACQUES.

Les voilà...

ALBERT.

O fureur !

CAROLINE , *avec effroi.*

C'en est donc fait!

ALBERT , *cherchant à la repousser.*

Au nom du ciel éloigne-toi!

CAROLINE.

Je ne te survivrai pas.

ALBERT.

Et je suis sans armes.

Tout-à-coup par un prestige de scène des pistolets se trouvent sous sa main

SCENE XI.

LES MÊMES, GRANDVILLE, DARBY ET WILLIAMS.

(Des gardes paraissent et repoussent les marins.)

DARBY, *entrant et désignant Albert.*

C'est lui.

GRANDVILLE, *en dehors et entrant de suite.*

Mon fils... où est-il ?

JACQUES, *à Grandville, en lui remettant l'écrit d'Albert.*

Monsieur Ganrdville... ces papiers...

GRANDVILLE, *les parcourant.*

Qu'ai-je lu ?

ALBERT, *se jetant aux pieds de son père.*

Mon père !

GRANDVILLE.

Il est innocent ! (*Il fait un geste menaçant.*) Infâme Darby.

DARBY, *à Williams.*

Il tient les preuves.

WILLIAMS.

Il faut s'en emparer.

DARBY, *se jetant avec Williams sur Grandville.*

Ces papiers !

GRANDVILLE, *luttant.*

Misérables !

WILLIAMS.

Donnez... ou craignez...

ALBERT.

Scélérats ! (*Il ajuste.*) vous êtes morts. (*Le coup part.*)

GRANDVILLE, *a reçu le coup.*

Ils m'ont assassiné. (*Jacques et Darby le reçoivent dans leurs bras.*)

ALBERT.

Malheureux ! (*Il tombe.*)

(*Aussitôt le coup de feu les vapeurs paraissent de tous côtés, et insensiblement, dérobent tous les grouppes du fond aux yeux des spectateurs.*)

ALBERT, *seul.*

(*Tout en lui exprime la terreur et l'égarement, les pistolets sont échappés de ses mains.*)

Mon père !... il expire... (*Apercevant les pistolets.*) arme fatale... malheureux... (*La scène s'obscurcit.*) nuit terrible . c'est un signal de vengeance... de mort. La justice céleste annonce mon châtiment... (*Eclairs, tonnerre éloigné.*) Eh bien ! je l'attends, qu'elle frappe !...

Albert.   5

(*Coup de tamtam, la foudre éclate.*) j'ai trop vécu. (*Une musique barbare et souterraine se fait entendre.*) Mais qu'entends-je?... (*Elle continue.*) Des chants funèbres. (*Les sons décroissent.*) Il n'est plus... mon père... ô crime... ô désespoir... et j'existe... (*Des monstres fantastiques paraissent sur de nouveaux nuages.*) Furies vengeresses, me voilà, déchirez le sein d'un monstre que la nature repousse, saisissez votre proie, l'enfer vous l'abandonne... (*Un spectre énorme s'élève de dessous le banc, au milieu d'un torrent de flammes.*) Vue horrible. (*Albert porte la vue sur un tableau écrit en caractères de sang, et que le spectre lui présente*) Parricide ! (*Il tombe le front contre terre.*) J'ai tué mon père... (*Le fantôme s'abîme, deux furies viennent saisir Albert, le soulèvent malgré lui, et le remettent sur ses pieds.*) Spectres hideux, où m'entraînez-vous?... O ciel ! que vois-je... Caroline... (*Un lit funèbre tendu de noir, sur lequel repose Caroline, vêtue de blanc, s'offre aux yeux d'Albert.*) Est-ce toi?... (*Il marche vers le lit, Caroline à demi soulevée, s'écrie :* « Albert ! cher Albert ! » (*Ranimé par cette voix chérie, il approche d'avantage.*) Oui... je te retrouve... infortunée, viens... viens... quittons ces lieux terribles. (*Il va la saisir, il étend les bras, et c'est un vêtement qui reste entre ses mains, Caroline a disparu.*) Quelle horreur !... (*Il rejette loin de lui le vêtement. Le lit funèbre disparaît, mais le cauchemar qui s'élance vers Albert, l'enlace de serpents, et l'entraîne, malgré sa résistance, sur un banc hérissé de pointes aigues; Étendu malgré lui sur les dards qui le déchirent, il s'y laisse enfin aller de tout son poids, épuisé de douleur et de désespoir, et murmurant d'une voix éteinte.*) Je me meurs... mon père... Caroline... je vous suis dans la tombe. (*Le cauchemar s'élève en agitant ses ailes; un coup de tamtam, il se transforme en un génie aérien, qui tient un flambeau et une couronne de roses. Il disperse les nuages épais qui ont obscurci la scène. Aux grands effets d'orchestre, succède une harmonie douce, qui peint les diverses gradations par lesquelles les vapeurs se dissipent; jusqu'à ce que leur transparence laisse apercevoir encore dans le vague le tableau qui doit ramener le spectateur à la réalité, Albert s'agite, jeu de timbales, il s'éveille en sursaut.*)

SCENE XII.

ALBERT, CAROLINE, GRANDVILLE, JACQUES, GERTRUDE, Pêcheurs, Marins, Habitans.

(*La scène dégagée des légères vapeurs qui la voilaient encore, représente le site de la première décoration, animée par la réunion de tous les habitans du pays, qui, amenés par Jacques, sont venus célébrer la fête en ce lieu.*)

(*Grandville, Caroline et Gertrude sont près de la cabane de Jacques, masqués par un groupe d'habitans et de jeunes filles, tenant des bouquets et des couronnes de fleurs.*)

(*Jacques, au milieu de la scène, semble épier les premiers mouv.
mens d'Abert.*)

(*Des barques pavoisées abordent au rivage, des pêcheurs et leurs
femmes en sortent en foule et viennent se réunir à des grouppes de jeunes
garçons et de jeunes filles, qui déjà ont commencé à former des rondes.*)

JACQUES, *toujours au milieu de la scène; animent les ronds déjà en
mouvement.*

Attention... il s'éveille!

ALBERT, *promene partout des regards étonnés.*

Où suis-je?... elle n'y est plus!... et cet abîme... Jacques!...

JACQUES, *s'approchant de lui.*

Eh bien!

ALBERT.

Mon père... Caroline... victimes tous les deux d'une horrible
catastrophe.

JACQUES.

Que voulez-vous dire?...

ALBERT.

Eh quoi! l'incendie!... cette lutte funeste...

JACQUES.

Votre esprit troublé par un songe pénible...

ALBERT.

Songe affreux!..

JACQUES, *lui montrant son père et son amante qui sont venus se placer
à ses côtés.*

Ne pensez qu'au réveil.

ALBERT, *en désordre.*

Ciel! ce sont eux.

GRANDVILLE.

Mon fils!

CAROLINE.

Cher Albert!

ALBERT, *se laissant aller dans les bras de son père.*
Ah! je succombe à tant de bonheur!

JACQUES, *rondement.*

Eh bien! dame Gertrude; voilà mon bouquet de fête, à moi, il
vaut bien le vôtre, qu'en dites-vous?

GERTRUDE.

Qui l'aurait prévu.

ALBERT.

Mais Darby, ma condamnation?

GRANDVILLE.

Ton mémoire est parvenu au conseil... Darby est arrêté, ta justification est complète.

CAROLINE.

Nous sommes réunis à jamais.

ALBERT.

Et ce n'est plus une illusion... Douce réalité, que de biens, tu m'as rendus.

JACQUES.

Les coquins sont arrêtés, et vogue la galère... ici le galion est au port; allons enfans, vive la joie!

TOUS.

Vive M. Albert! vive Albert.

(*Mouvement général de danse des pêcheurs et des marins.*)
Tableau, la toile baisse.

FIN.